Birgit Weyhe

Lebenslinien

avant-verlag

Evi

Kurz
nach dem Krieg in
Bad Tölz geboren,

... ist Evis erste
Erinnerung
ein Blick auf
die Berge.

Trotz des tobenden
Gewitters hat sie
keine Furcht. Nur eine
Neugier, die ihr ein
Leben lang erhalten
bleibt.

Bald darauf zieht die
Familie nach München.
Hier erlebt sie die
„Swinging Sixties".

Ohne eine
Ausbildung
und als allein-
erziehende
Mutter ist es
1973 Zeit
für einen
Neuanfang.

Der Zufall
verschlägt
sie zu-
nächst
nach
Uganda
und später
nach Kenia.

Evi nimmt verschiedene Jobs an,
verliebt sich neu und heiratet.

Sie verliert ein Kind
und hat mehrere
Fehlgeburten.
Ihr Mann stirbt.

Dennoch gibt sie nicht auf.

Sie bleibt sechsundzwanzig Jahre in
Ostafrika, fasziniert von der Natur ...

... und der
Mentalität der Menschen.

Trotz aller politischen Turbulenzen
hat sie nie Angst.

Erst nach einem brutalen Überfall ist die Unbeschwertheit dahin.

Es ist an der Zeit, weiterzuziehen.

Andalusien bietet ein ähnliches Klima, eine ähnliche Leichtigkeit.

Ein Leben in Deutschland kann sie sich heute nicht mehr vorstellen. Zu grau, zu starr, zu streng.

Heimat ist für sie nicht an eine Nation gebunden ...

... sondern war immer dort, wo ihre Kinder waren, ihre persönlichen Dinge, ihr Heim.

Moh

Als Moh 1986 in Afghanistan geboren wird, bombardieren gerade die Sowjets das Land.

Der Bombardierungen wegen kommt er in einer nahe gelegenen Höhle zur Welt.

Von 1993 an muss er in eine Koranschule, da die Taliban die öffentlichen Schulen geschlossen haben.

Erst ab 2002 kann er seinen regulären Schulabschluss nachholen. Inzwischen sind die Amerikaner einmarschiert.

Moh würde gerne IT studieren, aber die Familie hat nicht genug Geld.

Also lässt er sich von den Amerikanern zum Dolmetscher ausbilden, die zahlen gut.
US ARMY

Obwohl Moh unter falschem Namen arbeitet, wird er ab 2014 von den Taliban bedroht.

Als er sich versteckt, wird an seiner Stelle sein Bruder umgebracht.

Er flieht in die Türkei, doch obwohl er fließend Türkisch spricht, droht ihm die Abschiebung.

2015 entschließt er sich, weiterzuziehen. Er überquert das Mittelmeer und landet in Griechenland.

Mit einer Gruppe Syrer läuft er vier Monate nach Nordwesten.

Seine Spaziergänge dauerten früher maximal eine halbe Stunde – jetzt läuft er sich die Schuhe und Füße kaputt.

In Deutschland stellt er einen Asylantrag und beginnt sofort mit einem Sprachkurs.
arbeiten
Ich arbeite
Du arbeitest

Durch eine private Flüchtlingsinitiative bekommt er einen Job in einem Hotel.

Noch immer hofft er, IT studieren zu können, doch seine Zukunft in Deutschland ist ungewiss.

Er wartet weiterhin auf seinen Asylbescheid, seit Kurzem gilt Afghanistan als „sicheres Herkunftsland".

Gleichzeitig erstarken die Taliban, sie suchen Moh inzwischen mit Steckbriefen.

Dabei möchte Moh einfach nur lernen, arbeiten und in Ruhe sein Leben leben.
ZEUGNIS

Waltraut

Waltraut wird
1936 in Breslau
geboren.

Ihr größter Wunsch
ist es, einmal auf
die Schneekoppe
zu steigen.
Wenn
du groß
bist!
Ende 1944
fällt der
Vater im
Krieg.

Anfang Januar 1945 kommt sie nach einer
schweren Krankheit zur Genesung in ein
nahe gelegenes NSV-Heim.

Kurz darauf ergeht der Befehl
zur Evakuierung der
Stadt, die Mutter und
Schwestern werden
gezwungen, sich dem
Treck anzuschließen.

Das Kinderheim wird nicht
rechtzeitig evakuiert.
104

Nach Kriegsende werden die Kinder zu
Bauern gegeben: Kost gegen Arbeit.

Waltraut wird geschlagen und muss alleine draußen schlafen. Sie entschließt sich zur Flucht.

„Lieber Gott, bitte mach, dass die Vögel morgen früh extra laut singen, damit ich aufwache, bevor sie zum Melken kommen."

Immer den Bahnschienen folgend, begibt sie sich auf die Suche nach ihrer Familie. Sie ist neun Jahre alt.

Schließlich erreicht sie den letzten bekannten Aufenthaltsort der Mutter, doch der Treck ist bereits vor Monaten weitergezogen.

Waltraut landet im Kinderheim, es ist völlig überfüllt.

An guten Tagen dürfen sie der Roten Armee bei Ernteeinsätzen helfen, dann gibt es wenigstens eine warme Malzeit.

Ansonsten heißt es:
Feldarbeit, Läuse,
Krätze und Hunger
aushalten.

Erst im September 1946 gelingt es dem Roten Kreuz, die Mutter in Thüringen ausfindig zu machen.
Ach Mutti - was bist du klein geworden!

Die Schwestern fremdeln, das Zusammenleben ist nicht einfach. 1949 beendet Waltraut die Schule und schlägt sich alleine in den Westen durch.

Mit 14 Jahren fängt sie an zu arbeiten. Auf Bauernhöfen und in Haushalten rund um Hamburg, ihrer neuen Heimat.

Waltraut hat immer gearbeitet, auch nach ihrer Heirat und der Geburt der Kinder. Zuletzt als Sachbearbeiterin bei einer Bank.

1998 erfüllt sie sich einen Traum: Sie fährt auf die Schneekoppe.
So lange hat es also gedauert, bis ich groß geworden bin ...

Martinho

Als Martinho
1963 geboren
wird, ist
Mosambik
noch eine
portugiesische
Kolonie.

Nach der Schule
hilft er auf dem
Markt und träumt
davon, Mechaniker
zu werden.

Er ist zwölf Jahre alt, als das Land
unabhängig und zur
sozialistischen
Volksrepublik
erklärt wird.

Zwei Jahre
später, 1977,
beginnt der
Bürgerkrieg.

Aus Angst vor einer Rekrutierung meldet
er sich 1981 für das Vertragsarbeiter-
programm und kommt so in die DDR.
Guten Tag.
Mein Name ist
Martinho.
Ich bin 18
Jahre alt.

Doch statt
der erhofften
Mechanikerausbildung
landet er als Hilfsarbeiter
in einer Fabrik in Ost-Berlin.

Es ist kalt,
grau und
trostlos.

Ab 17 Uhr darf er das Wohnheim
nicht mehr verlassen.

Ich möchte lieber wieder zurück nach Mosambik.
Nix da – dein Vertrag geht über vier Jahre!

Er gewöhnt sich ein, findet Freunde
und verlängert sogar seinen Vertrag.

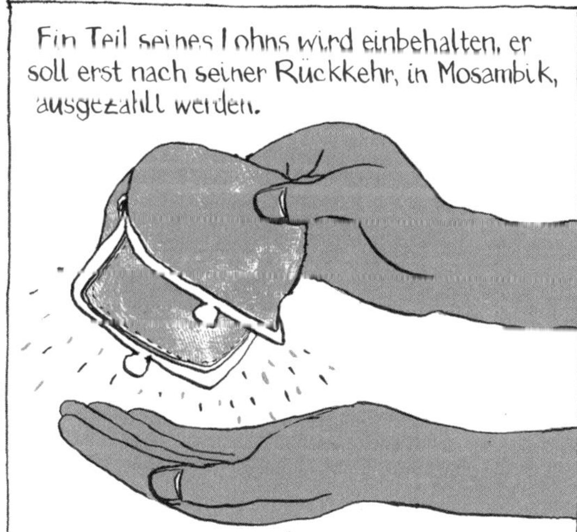
Ein Teil seines Lohns wird einbehalten, er
soll erst nach seiner Rückkehr, in Mosambik,
ausgezahlt werden.

BARRAKA
BAR
Mit dem angesparten Geld möchte er
dort später einen Laden aufmachen.

Nach der Wende
verliert er seinen
Job und wird
zurückgeschickt.

Statt des angesparten Geldes erwartet
ihn ein Rekrutierungsbescheid.

Das im Bürgerkrieg Erlebte
bereitet ihm bis heute
Alpträume.

Nach Kriegsende 1992 schlägt
er sich mit kleinen Jobs durch.
Sein Geld bleibt verschwunden.

Auch wenn keiner seiner Träume
sich bislang ver-
wirklichen ließ ...
10 +5
SOLIDARITÄT
DDR
SOLIDARITÄT
DDR 10 +5
... hegt er einen
Wunsch:

Noch einmal richtig schön Eisbein
mit Sauerkraut essen zu können.

Lili

Uli wird in München geboren, mitten hinein in die 68er-Bewegung.

Ihr Lieblingsort ist der Tierpark Hellabrunn.
Die ganze Welt in einem Garten.

Das norwegische Kindermädchen beeindruckt Uli tief – ist sie zwei Wesen im selben Körper?
Hallo? Wie geht es Ihnen? Mir geht es sehr gut...
Hei!

Sie imitiert dieses Phänomen in einer erfundenen Sprache – die Freundinnen sind fasziniert.
BOAH!

Mit Zwanzig beginnt sie ihr Theaterstudium in Gießen, mit dem Schwerpunkt Bühnenbild und Regie.

Fünf Jahre später zieht sie nach Barcelona – ohne Sprache oder Stadt zu kennen.

Pastisseries
CONFECCIONES.
Bomboneria
MASSA CRITICA
Robo!
POLLERIA
Kiosco
BOMBAS
FUET
cava
Dulce de Membrillo
Alles hat neue Namen und sieht anders aus. Sogar sich selbst gibt sie einen neuen Namen: Lili.

Zehn Jahre lebt Lili dort, bis sie eine Einladung zu einem Theaterfestival in Córdoba bekommt. Sie sagt zu, Andalusien interessiert sie.

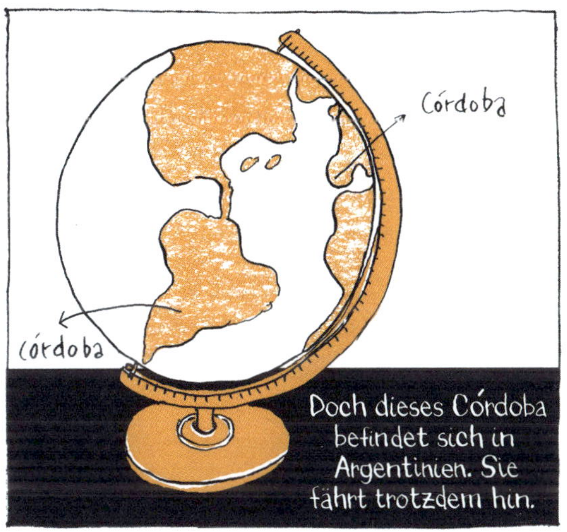
Córdoba
Córdoba
Doch dieses Córdoba befindet sich in Argentinien. Sie fährt trotzdem hin.

Es ist laut, lebendig und produktiv. Lili verliebt sich und reist noch oft dorthin.

Statt Schauspieler zu dirigieren, macht sie nun kleine Dokumentarfilme und entdeckt ihre alte Leidenschaft wieder: Es gibt Bedarf an Dolmetschern.

Lili bleibt zwölf Jahre, bis sie ihre Liebesgeschichte in die argentinische Pampa führt.

Auch der kleinste Ort bietet die Gelegenheit, sich und damit im besten Falle das Leben selbst kennenzulernen ...

... vielleicht im Ausland leichter als in der Heimat.

2017, am Ufer des Moquehue, gabelt sich ihr Lebensweg: Einer führt nach Hause, der andere in einen andalusischen Zen-Tempel.

In den folgenden zwei Jahren praktiziert Lili dort Zazen; einmal im Jahr kehrt sie für zwei Monate zurück in die Pampa.

Inzwischen bewohnt Lili zeitweilig auch eine Unterkunft außerhalb des Tempels, sie pendelt zwischen Andalusien und Lissabon; neue Sprache, neues Leben.

Und trotzdem: Heimat bleibt für sie die Muttersprache.
Bb
Cc
Ff
Gg
Jj
Kk
Nn
Oo
Rr
Ss
Ww

Abdel

Abdel kommt aus einem kleinen ägyptischen Dorf am Mittelmeer.

Sein Vater ist Fischer.

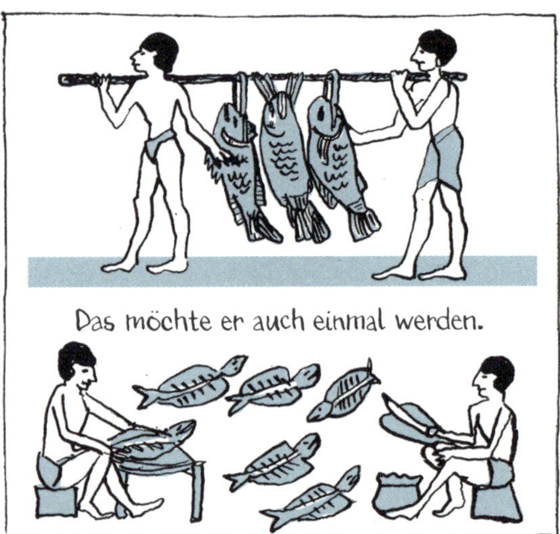
Das möchte er auch einmal werden.

Mit 15 fährt Abdel das erste Mal alleine hinaus aufs Meer.

Ein Sturm kommt auf - der Motor versagt.

Viele Tage später wird er bewusstlos vor Kreta von der Küstenwache geborgen.

Als Minderjähriger wird er in ein
Heim auf Lesbos transferiert.

Es liegt abgelegen und
isoliert in den
Bergen.

Abdel will nur nach Hause, doch
wochenlang gibt es keinen Dolmetscher.

Als er sich endlich mit seinen Eltern
in Verbindung setzen kann ...
3

... weigern sich diese, ihn mit den nötigen
Papieren zu ver-
sorgen.
جمهورية مصر العربية

Schließlich
hat er es
nach Europa
geschafft!

Er soll dort unbedingt sein Glück machen und Geld nach Hause schicken.

Abdel weiß nur nicht wie.

Wo soll er denn hin?

Er hat Heimweh.

Seit zwei Jahren wartet er nun schon.

Er weiß selbst nicht mehr worauf.

Ina

Nach einem Streit verlässt eine Frau 1983 Hals über Kopf ihre Heimat Deutschland ...

... und fährt mit dem Schiff nach Island.

Dort wird ein Jahr später ihre Tochter geboren: Ina.

Das Leben der beiden pendelt zwischen Island, Besuchen in Deutschland und einem Ferienhaus auf Bornholm.

Frosch!
Frøen!
Froskur!
Ina erscheint ihre Dreisprachigkeit ganz normal.

South!
Sur!
Süden!
Als Ina 13 ist, reist sie mit der Mutter ohne festes Ziel durch Europa.

Eine schöne Erfahrung: Als Isländerin ist sie immer exotisch und willkommen zugleich.

Nach der Schule studiert sie in Dänemark.

Sie absolviert ein Praktikum im Norden Mosambiks. Es gefällt ihr sehr.

Daher beschließt sie, in Pemba zu bleiben und lernt Portugiesisch.

Dort lernt sie ihren Mann kennen, der aus Israel stammt.

Die gemeinsamen Kinder sprechen nun vier Sprachen: Isländisch, Hebräisch, Englisch und Portugiesisch.
Kex!
cookie!
biscoito!
עוגיה

Nach dem Tod ihrer deutschen Großmutter entdeckt sie im Nachlass ein Foto.
OMA

Ihr Urgroßvater in SS-Uniform. Zum ersten Mal erfährt sie von diesem Erbe.

Wissend um sein eigenes mörderisches Tun, hatte er sich direkt bei Kriegsende umgebracht.

Ursprünglich wollte er sogar seine ganze Familie mit in den Tod nehmen.

Unwissentlich hat Ina bisher das Gegenteil seiner Ideologie gelebt.

Und wird es auch weiterhin tun – in Kürze bekommt sie einen weiteren Kosmopoliten.

Ivan

Ivan wird in den 50er Jahren ein sowjetischer Kadett.

Auf Wunsch seiner Eltern, die im Zweiten Weltkrieg Partisanen waren.

Ivan ist nicht gerne in der Kadettenanstalt.

Auf jeden seiner vielen Fluchtversuche ...

... folgen Schläge und Arrest.

Seine Eltern sind von ihm enttäuscht. Er kommt zu den jüdischen Großeltern.

Diese wollen nach Brasilien auswandern.

Als Fünfzehn-
jähriger darf
Ivan sie begleiten.
Sie kommen nach
São Paulo.

Doch im brasilianischen Alltag
findet er sich nicht zurecht.

Er nimmt Drogen.

Wird
gewalttätig.

Kriminell.

Im Gefängnis begegnet ihm Jesus.

Er wird Mitglied einer evangelikalen Kirche.
JESUS CRISTO

Für jeden sichtbar durch einen auffälligen Ring.

IMPRENSA
IMPRENSA
Mit Hilfe der Gemeinde eröffnet er einen gut gehenden Zeitungskisok.

Ivan braucht die festen moralischen Regeln und Vorgaben.
Sonst fühlt er sich verloren.

ПОЧТА СССР
BRASIL
Er hat nie gelernt, auf sich selbst zu hören.

Norma

Norma wird 1952 in Moyobamba, der peruanischen Amazonas-region, geboren.

Mit neun Jahren zieht sie mit ihren Schwestern und der Mutter nach Lima.

Somos libres
seámoslo siempre
y ant
Sie ist gut in der Schule und möchte später studieren.

Bestürzt über die extreme Armut in den Vororten, politisiert sie sich als Sechzehnjährige und tritt einer linken Gruppe bei.

Mit ihren Genossen beginnt sie, neben der Schule unentgeltliche Kurse für Arbeiter und deren Kinder anzubieten.

1975 bekommt sie ein Stipendium für ein Studium in der UdSSR, in Kiew.

Sie erscheint den Genossen zu schwach und wird zunächst auf eine Kur geschickt.

Anschließend studiert sie in Kiew sechs Jahre Internationale Wirtschaft und hat großes Heimweh.

1981 kommt Norma zurück nach Lima, kurz darauf lernt sie ihren Raul kennen.
PAN
Salarios par el
PEDIMOS JUSTICIA

Sie unterrichtet an zwei Unis und engagiert sich politisch – wieder in den Armenvierteln.

1992 putscht Fujimori, die Repressionen verstärken sich.

Norma und Raul werden von einem Genossen unter Folter verraten.

Sie müssen unter-tauchen.

Raul wird bei einem Unfall schwer verletzt. Er braucht medizinische Hilfe.

VIVA EL ECUADOR!
Viva Cuba!
Über Ecuador und Kuba gelangen sie 1993 nach Hamburg.

Einmal im Jahr reist Norma nach Ecuador, um dort ihre alte Mutter und die Schwestern zu treffen, denn sie darf bis heute nicht zurück nach Peru.

Ihr größter Wunsch wäre die Amnestie für die gefangenen Anhänger der MRTA.
MRTA

Sie würde so gerne wenigstens noch einmal zurück in ihre Heimatstadt Moyobamba, der Orchideen wegen.

Samuel

Samuel wird Anfang 1986 im überwiegend muslimischen Norden Nigerias geboren.

Er verliert früh seine christlichen Eltern und kommt zu Verwandten nach Lagos.

Dort muss er mitarbeiten, wo immer er kann. Seine Schulbildung bleibt rudimentär.

Perspektiven hat er keine.

2007 macht er sich auf den Weg nach Libyen – dort kann man gutes Geld verdienen.

In Tripolis arbeitet Samuel auf verschiedenen Baustellen und kann tatsächlich einiges ansparen.

Als sie von der italienischen Marine geborgen werden, sind viele von ihnen nicht mehr am Leben.

Über Italien
gelangt er
nach Hamburg.

Mit der Arbeit auf
Baustellen kann er
sich über Wasser
halten.

Und er verliebt sich, findet Halt
in der fremden Kultur.

2016 wird
Samuel Vater,
bekommt eine
Duldung –
er hat sein
Glück gefunden.

Doch fast jede Nacht träumt er von
der Überfahrt.

Hätte er doch
bloß Kingdom
nicht überredet,
mitzukommen.

Tonya

Wann sie in einer der Favelas von Rio de Janeiro geboren wurde, weiß Tonya nicht.

Nur, dass sie 1971 bei einer deutschen Familie Arbeit gefunden hat.

Als deren Rückkehr in die Heimat bevorsteht, soll sie mit ins Schwabenland.

Es gefällt ihr sehr, nur der Winter ist hart.

Besonders das Kochen macht ihr großen Spaß und sie lernt viele neue Gerichte.

In den 80er Jahren begleitet Tonya die Familie nach Kenia. Sie mag Nairobi sofort.

Dort verliebt sie sich in Charly und heiratet ihn.

Ihre beiden Töchter sind ihr ganzer Stolz, sie sollen den sozialen Aufstieg schaffen.
KARIBUNI SCHOOL

Mit der Abfindung ihrer Arbeitgeber baut sie ihrer Familie ein Häuschen.

Kurz darauf stirbt die jüngere Tochter bei einem epileptischen Anfall.

Die Ältere schwänzt die Schule und wird bereits mit 15 schwanger.

Charly betrügt Tonya ständig und infiziert sie schließlich mit HIV.

Wegen der teuren Medikamente müssen sie das Haus verkaufen. Tonyas Träume sind alle zerplatzt.

Ihr größter Wunsch wäre, wieder zurück nach Brasilien zu gehen. Aber ihr fehlt das Geld und der Kontakt zur Familie ist abgerissen.

Als sie auf der brasilianischen Botschaft ihre Papiere erneuern lässt, ist ein Mitarbeiter von ihrer Geschichte berührt.
ORDEM E PROGRESSO

Er meldet sie bei einer TV-Show an, die Familien zusammenführt, und sie wird nach Rio geflogen.

Tatsächlich finden sich nach der Ausstrahlung noch Familienangehörige. Sie beschließt zu bleiben.

Ich zeige dir jetzt, wie man Spätzle macht ...
Nach vierzig Jahren ist sie endlich wieder zu Hause.
?!

Julio

Julio wird 1984 in Havanna, auf Kuba, geboren.

Seine Mutter glaubt an sein musikalisches Talent. Er selbst möchte lieber Sportler werden.

Trotzdem schafft er mit zehn Jahren die die Aufnahmeprüfung an der renommierten Escuela Nacional de Arte.

Aber es ist der Traum seiner Mutter – nicht seiner. Mit 15 beginnt er den Unterricht zu schwänzen und bricht später die Schule ganz ab.

Während seiner kaufmännischen Lehre bekommt er aufgrund seiner Vorfahren väterlicherseits die spanische Staatsbürgerschaft.

Eigentlich ist er in Havanna zufrieden, doch alle drängen ihn, von seinem spanischen Pass Gebrauch zu machen.

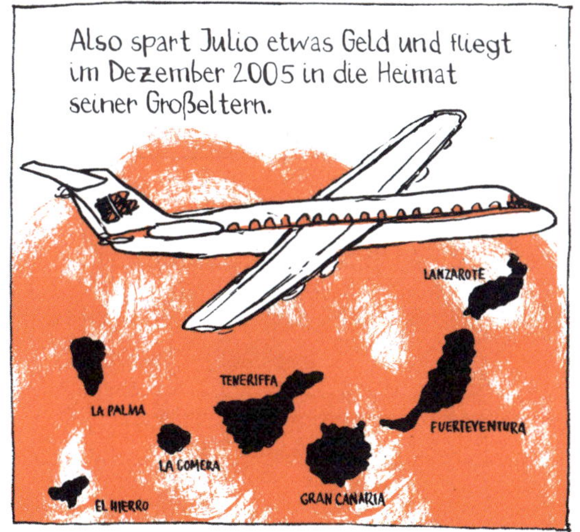
Also spart Julio etwas Geld und fliegt im Dezember 2005 in die Heimat seiner Großeltern.
LANZAROTE
TENERIFFA
LA PALMA
FUERTEVENTURA
LA GOMERA
EL HIERRO
GRAN CANARIA

Dort ist es kalt und es gibt keine Familienangehörigen mehr. Er lebt auf der Straße und in Höhlen am Strand.

Niemand gibt ihm Arbeit, er hat Heimweh, da erinnert er sich an einen entfernten Cousin in Alicante.

Bei ihm kommt Julio unter und macht Aushilfsjobs.

Er verliebt sich in eine Deutsche und folgt ihr 2007 nach Hamburg.

Trotz der großen Freude über die Geburt der Tochter ist die erste Zeit hart.

Er stürzt sich in den Sprachunterricht, macht das Abitur nach, arbeitet nebenbei als Barista und wird Steuerfachangestellter.

Seine Beziehung scheitert, doch der Kontakt zur Tochter bleibt eng, sie besuchen gemeinsam die Familie auf Kuba.

Zehn Jahre nach seiner mittellosen Ankunft in Deutschland ist er frisch verliebt und Teilhaber einer Kaffeerösterei.
COMSA
PRODUCT OF HON

Mit seiner neuen Partnerin, die auch eine Tochter mit in die Beziehung bringt, bekommt er einen Sohn.

Nun hat er drei Kinder und freut sich auf viele gemeinsame Reisen mit seiner neuen Familie.

Seit einiger Zeit macht Julio wieder Musik, hat kleine Auftritte – diesmal ist es SEIN Traum.

Dinny

Nadine wird 1970 im brasilianischen Porto Alegre als Tochter eines deutschen Ehepaares geboren.

Der Vater arbeitet für einen internationalen Konzern, die Familie zieht häufig um.

Als Kind hat sie ständig wechselnde Kindermädchen.

Mit vierzehn Jahren hat sie bereits in acht verschiedenen Ländern gelebt.

Als sich ihre Eltern trennen, verschlägt es sie in die norddeutsche Provinz.

Das Alkoholproblem der Mutter wird immer größer.
VODKA

Der Vater hat eine
neue Familie ge-
gründet, er zahlt die
Alimente nur selten,
meldet sich nie.

Nadine schämt sich für ihre abge-
tragene Kleidung und
für das Auftreten
ihrer Mutter.

Direkt nach dem Abitur be-
wirbt sie sich als Au-pair in
den USA und kommt nach
Kalifornien.
CALIFORNIA

Da niemand „Nadine" aus-
sprechen kann, nennt sie sich
fortan Dinny und schwört, nie
wieder Deutsch zu sprechen.

Sie will auf gar keinen Fall zurück
nach Deutschland. Der Kontakt zu
den Eltern bricht ganz ab.

Kurz vor Ablauf
ihres Visums
heiratet sie
Jim, einen
Amerikaner.

Jim ist enttäuscht als Dinny ihn verlässt, kaum dass sie ihre Greencard in den Händen hält.

Sie nimmt einen Kredit auf, studiert IT und kellnert nebenbei.

Nach ihrem Abschluss bekommt sie einen guten Job im Silicon Valley.

In zweiter Ehe heiratet sie einen Australier. Sie bleibt ihrem Vorsatz treu und spricht nie Deutsch mit ihren beiden Kindern.

Zu Dinnys Überraschung belegt ihre ältere Tochter Deutschkurse an der High School und möchte später in Berlin studieren.

Vielleicht wird Dinny ihren Schwur doch noch brechen.
I ♥ BERLIN

David

David wird 1983 in Neu-Delhi geboren.

Er liebt die Besuche bei seinen Großeltern in Kabul und ihre riesige Bibliothek.

Mit 13 kommt er in ein Internat in der Nähe von Bangalore, er findet schnell Freunde.

David ist sehr gerne dort, vor allem die Natur fasziniert ihn.

Speziell die Bäume haben es ihm angetan, am meisten mag er den Regenbaum.

Als die Mutter nach Wien zieht, verbringt er seine Ferien fortan dort.

Sein Kunst-
studium
absolviert
David in
England.

Im Anschluss daran macht er
ein Verlags-Praktikum in
Chennai.

2007 zieht er
ganz nach Wien.

Er mag die
Mischung aus
Langsamkeit
und kulturellem
Reichtum.
CAFÉ
K.U.K.
TRADITION

Und die
Kastanienbäume.

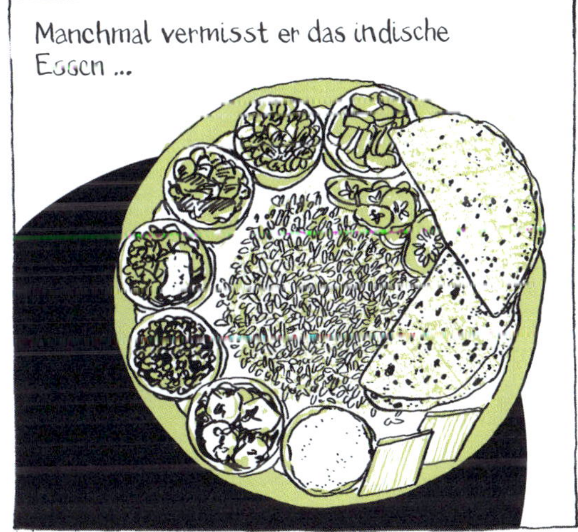
Manchmal vermisst er das indische
Essen ...

... seine Freunde von dort ...

... und das Gefühl von Zugehörig-keit.

Besonders seit dem Anschwellen eines neuen, engstirnigen Nationalismus in Österreich.
AUS LIEBE zur HEIMAT

Doch ganz ähnliche Tendenzen nimmt er auch in Indien wahr.

Alt werden möchte er irgendwo zwischen Bäumen und Wasser.

Jenseits von Nation und Chauvinismus.

Gunhild

Gunhild wird 1950 in Hamburg geboren.

Der Vater ist Ingenieur und überzeugt, dass der sich anbahnende Kalte Krieg in einen dritten Weltkrieg münden wird.

Er geht davon aus, dass auch dieser Krieg in Europa stattfinden wird und die USA als Sieger daraus hervorgehen werden.

Deshalb wandert er 1955 mit seiner Familie dorthin aus. Er bekommt eine Anstellung in Seattle.

Gunhild liebt die neue Kultur: Im Gegensatz zum grauen Europa erscheint ihr alles bunt und fröhlich.
Rudolph
THE RED-NOSED REINDEER
COOKIES

Gigi
Sie lebt sich schnell ein und wird jetzt von allen Gigi genannt.

Doch sie leidet unter dem strengen Regiment des Vaters, der die deutsche Sprache und Tugenden hochhält.
GEHORSAM!
ORDNUNG!
DISZIPLIN!
ZUCHT!
EHRE!
FLEISS!
ARBEIT!

Trotz nur mittelmäßiger schulischer Leistungen soll sie unbedingt studieren.

Als Gigi Anfang der 70er Jahre nach Berkley kommt, wird sie schnell ein Teil der Protestbewegung.
LOVE NOT WAR

Noch vor dem Ende des ersten Semesters wird sie schwanger. Sie bricht ihr Studium ab.

Während ihr Mann Karriere macht, bleibt sie bei den Kindern und der Hippiebewegung treu.

Die Eheleute entfremden sich, die Kinder wollen nach der Scheidung beim Vater bleiben.

Gigi kauft sich vom Erbe der Eltern ein Wohnmobil und tourt mit ihrem neuen Mann Josh durch die Staaten.

In der Nähe von Chicago hat sie plötzlich Lähmungserscheinungen. Sie fahren direkt zum nächsten Krankenhaus.
?!!

Ein Hirntumor wird entfernt. Gigi übersteht die Behandlungen, verliert durch sie aber ihr gesamtes Geld.

Josh und sie wohnen weiterhin in ihrem Auto und verdienen sich ein Zubrot als Betreuer auf Campingplätzen.
CAMPGROUND HOST

Je nach Saison in einem anderen Bundesstaat.

Sie leben sehr bescheiden, doch sie sind glücklich und fühlen sich frei.
Sie kommen aus Deutschland?! Ach, ich spreche so gerne Deutsch, darf ich mich zu Ihnen setzen ...?!

Daniel

Daniel wird 1994 in München geboren.

Seine Mutter spricht Tschechisch, sein Vater Deutsch mit ihm.

Nach Daniels Grundschulzeit zieht die Familie in ein kleines Dorf in der Nähe von Pilsen.

Er wird freundlich von seinen neuen Mitschülern aufgenommen, vermisst aber die Vielfalt Münchens und seine beste Freundin, eine Türkin.
A
D

Daniel ist das erste Mal von einer vollständig homogenen Gemeinschaft umgeben – es gibt keine anderen Kulturen oder Religionen.

Als er vierzehn ist, stirbt sein Vater, die Mutter muss unter der Woche in der Stadt arbeiten, er ist viel alleine.

Als ihm eine Freundin einen Designstudiengang in Bozen empfiehlt, versucht er dort sein Glück und wird angenommen.

Er stürzt sich sofort ins Italienische
und verändert sich mit der Sprache ...

... wird
selbst
offener,
gestikuliert,
spricht
lauter
als im
Norden
üblich.

Nichtsdestotrotz möchte Daniel später
noch einmal in Tschechien leben, um auch
diese Sprache emotional für sich zu
erschließen und zu verfeinern.
ČAPEK
KAKEL
Milan
Kundera
Jaroslav Hašek

Und Französisch lernen:
„So viele Sprachen du sprichst, so
viele Male bist du Mensch."

Heimat ist für ihn, wo man sich verstanden
und zugehörig fühlt, sie besteht aber
gleichzeitig auch aus Erinnerungen.

Und alles, was mit Erinnerungen zu tun
hat, ist wunderbar und komplex zugleich.

Kalina

Kalina wird
1976 in Lodz,
Polen, geboren.

Besonders liebt
sie die Sommer
auf der Datscha
der Großeltern.

Dort ist sie viel
alleine im Wald
unterwegs, die
Natur ist ihr
sehr vertraut.

Ihre Oma Halinka
hatte blaue Augen
und blonde Haare,
das „gute Aus-
sehen" war zu
dieser Zeit ein
Segen.

Dass sie dadurch dem Ghetto entkam, wurde
in der Familie nie explizit ausgesprochen.

Eines Sommers kommt Tante Krysia zu
Besuch, die unter den Nazis als Zwangs-
arbeiterin nach Bayern deportiert worden
war.

Zurück in Polen, vermisst sie die kleinen Buchhandlungen, die Kulturangebote und die Verlässlichkeit der institutionellen Strukturen.

Hihihi
Hahaha
Hohoho
Haha
Hihihi
Gerne würde sie in Berlin leben, wobei ihr dann vor allem die Intimität und die Nähe der Muttersprache fehlen würden.

Für Kalina bedeutet Heimat Vertrautheit, weshalb sie nicht nur eine Heimat hat.

Literatur ist ihre deutsche Heimat ...

... denn all ihr Denken über Kultur findet auf Deutsch statt.

Natur und Landschaft sind die polnische Heimat, nirgendwo kann sie diese intensiver erleben.

Nur in Polen duftet im Mai der Flieder so ganz besonders und eigen ...

Joni

Joni wird
1982 in
Heidelberg
geboren.

Er wächst mit
zwei jüngeren
Brüdern im
Odenwald auf.

Ich komme
auf gar
keinen Fall
mit!!!
Als die Eltern dem
15-Jährigen mit-
teilen, dass sie alle
gemeinsam nach
Nairobi ziehen, ist
er entsetzt.

Obwohl er sich fest vorgenommen
hat, Kenia nicht zu mögen, findet er
schnell Freunde.
KFA 491Q

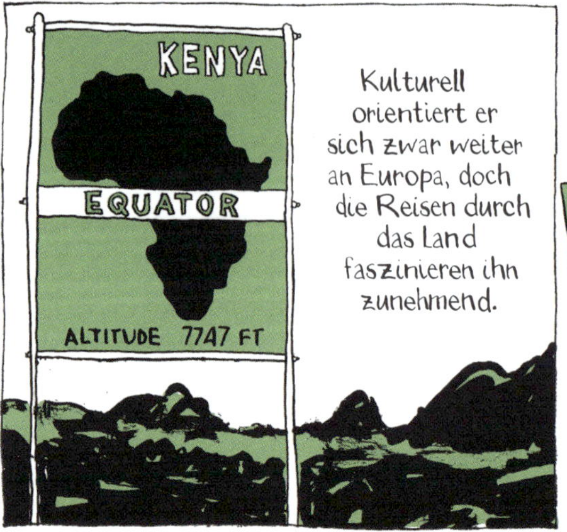
KENYA
EQUATOR
ALTITUDE 7747 FT
Kulturell
orientiert er
sich zwar weiter
an Europa, doch
die Reisen durch
das Land
faszinieren ihn
zunehmend.

Nach dem Abitur kehrt er nach
Deutschland zurück. Plötzlich
erscheint ihm der Odenwald fremd.
Rothaus PILS
KENYA BREWERIES LTD
TUSKER LAGER

Er bewirbt sich für ein Designstudium in Kassel.

Dort wird ihm klar, dass ihn am meisten der Umgang mit Licht in Fotografie und Film begeistert.

Er bekommt einen Studienplatz an einer Filmhochschule in Dortmund und wird Kameramann.

Zwischen den Filmprojekten reist er viel: immer wieder nach Afrika, aber auch Lateinamerika, Asien und Australien.

2012 lernt er bei einem Dreh in Bozen Anna kennen.

Sie ist fest in Südtirol verwurzelt und so zieht Joni 2015 zu ihr.

Er fühlt sich
dort wohl,
nutzt die
Berge für eine
Vielzahl von
Sportarten.

Nur die auf der ganzen Welt verstreuten
Freunde vermisst er manchmal.

2018 wird sein Sohn Frederik geboren.

Die Familie zieht aus Bozen in
die Berge. Die Natur wird für
Joni immer wichtiger.

Heimat ist für ihn
dennoch nicht an einen Ort
gebunden.

Er könnte sich auch vorstellen,
irgendwo am Meer zu leben.

Ann Mabel

Ann Mabel
wächst in
Nairobi
auf.

Mit ihrer Schwester verlebt sie
dort eine glückliche Kindheit.

Heimatland der Eltern ist Uganda,
dass sich in den 80er
Jahren mühsam
von Idi Amins
blutiger Diktatur
erholt.

Als Ann Mabel
elf Jahre alt
ist, ziehen die
Eltern mit ihren
Töchtern dort-
hin zurück.

Am meisten freuen sie sich, dass sie ihrer
geliebten Großmutter nun näher sind.

Jina
langu ni
Ann Mabel.
Erinnya
lyange nze
Ann Mabel.
Statt des vertrauten
Kiswahili muss sie nun
neben Englisch auch
noch Luganda sprechen.

Das dortige Schulsystem ist wesentlich strenger, es zählt nur Leistung, keine Kreativität.

Going Down River Road
Meja Mwang
No Longer At Ease
CHINUA ACHEBE
useboy
ND OYONO
Es gibt kaum Freizeit und kein Wochenende mehr, nur Schule, Lernen und endlose Hausaufgaben.

Sie schafft ihren Abschluss und studiert in Kampala.
WE BUILD FOR THE FUTURE

Nach ihrem Bachelor in „Mass Communication" entscheidet sie sich, ihren Master im Ausland machen.

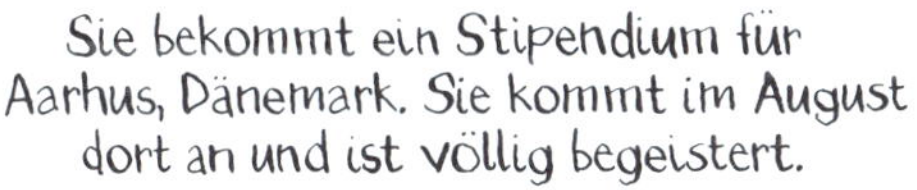
Sie bekommt ein Stipendium für Aarhus, Dänemark. Sie kommt im August dort an und ist völlig begeistert.

Doch bereits der erste Winter ist recht ernüchternd, Ann Mabel fühlt sich sehr isoliert.

Es ist schwierig, sich in die sehr hermetische dänische Gesellschaft zu integrieren.

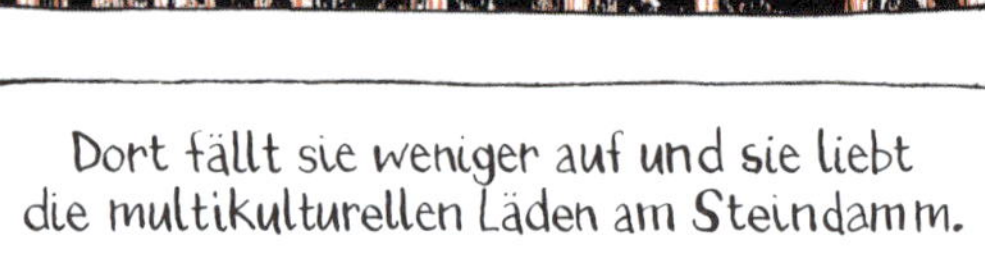

Bruno

Bruno wird 1954 in Buenos Aires geboren.

Seine Eltern kamen als Kinder mittelloser Emigranten nach Argentinien.

Sie setzen alles auf seine Bildung und sind stolz, dass er Literatur studiert.

1974 heiratet er Alma. Ihre Hochzeitsreise machen sie zu den Wasserfällen von Iguazú.

Beide sind politisch aktiv und entsetzt, als 1976 das Militär die Macht übernimmt.
VENCEREMOS

Bruno ist überglücklich, als er kurz darauf erfährt, dass Alma schwanger ist.

Als immer mehr Freunde spurlos verschwinden, tauchen sie unter.

Wenn er argentinische Landeskunde unterrichtet, muss er bei Referaten über die Wasserfälle von Iguazú weinen.
sniff...
IGUAZÚ

Nach dem Ende der Militärdiktatur besucht er seine Eltern regelmäßig in Argentinien.

DESAPARECIDOS
Von Alma oder dem Kind fehlt trotz großer Bemühungen jede Spur.

1991 lernt er Ana aus Brasilien kennen.

Als sie von ihren Eltern einen kleinen Hotelbetrieb in Florianopolis erbt, entscheiden sie sich, gemeinsam dorthin zu ziehen.
QUINTA DA MARIA

Er ist gerne Hotelier und empfiehlt allen Gästen einen Ausflug zu den nahe gelegenen Iguazú-Wasserfällen, er selbst war nie wieder dort.

Priscilla

Priscilla wird 1981 in Chicago geboren.

Ihre Eltern sind Einwanderer aus Barbados und Jamaika.

Als wildes, unabhängiges Mädchen passt sie nicht in das Raster ihrer karibischen Verwandten.

Ihr Held ist „Indiana Jones" – um dessen Dialoge im Kampf mit den Nazis verstehen zu können, bringt sie sich Deutsch bei.

Aufgrund ihrer außergewöhnlich guten Noten wechselt sie auf eine renommierte Schule und belegt dort Deutschkurse.
lernen
ich lerne
du lernst
lernt
wir lernen
sie lernen
ihr lernt

Den weißen Mitschülern dort ist sie zu arm ...

... und die afroamerikanischen Kinder verspotten sie als „Oreo" - außen schwarz, innen weiß.
OREO

Da sie sowieso nirgends dazu passt, beschließt Priscilla mit dreizehn, Punk zu werden.

Musik wird für sie enorm wichtig und identitätsstiftend.
BOB MARLEY
REBEL MUSIC
BLITZ
VOICE OF A GENERATION
SUICIDE MACHINES

Sie studiert in Chicago Komparatistik, die Texte Kafkas und Brechts sind für sie eine Offenbarung.
Bertolt Brecht Gedichte
Franz Kafka Die Verwandlung
BRECHTS DRAMEN

Priscilla geht für ein Jahr nach Berlin. In den folgenden Jahren besucht sie die Stadt immer wieder.

Nach ihrem Universitätsabschluss bekommt sie ein Stipendium für ein Doktorandenprogramm in Berkeley.

Direkt im Anschluss an ihre Promotion 2011 erhält sie eine Professur in Chapel Hill, North Carolina.
UNIVERSITY OF NORTH CAROLINA
LVX
LIBERTAS
CHAPEL HILL

Priscilla verliebt sich in einen Berliner Punk und heiratet ihn schließlich, damit er zu ihr ziehen kann.

Der gemeinsame Sohn Liam wird 2013 geboren, doch die Beziehung zerbricht.

Priscilla ist eine sehr erfolgreiche Akademikerin mit vielen Publikationen.
THE AMERICAN ACADEMY BERLIN

Dennoch bleibt ihr ein Gefühl der Fremdheit.

Im tiefsten Inneren ist sie noch immer ein Punk.

An Shin

Claude wird
1947 in Meadville,
USA, geboren.

Das Kriegstrauma des Vaters und die
Gewalt der Mutter bestimmen
seine Kind-
heit.

Mit 17 meldet
er sich freiwillig
zum Militär, um
der Einsamkeit
und Leere seines
Daseins zu
entgehen.

Kurz darauf
kämpft er
in Vietnam
und wird ein
hoch-
dekorierter
Soldat.

1967 wird er verwundet und
verbringt neun Monate im
Krankenhaus.

Um seine seelischen
Wunden aus dem
Krieg zu
kurieren,
nimmt er
alle Arten
von Drogen.

Er landet auf der Straße und möchte seinem Leben ein Ende setzen. 1983 beginnt er stattdessen eine Drogentherapie.
HELP
FOOD

Er geht zum College, verliebt sich und wird Vater eines Sohnes.

Doch seine Kriegserlebnisse lassen ihn nicht los, alle Beziehungen zerbrechen, keinen Job behält er lange.
WEST
COLORADO

Eine Sozialarbeiterin empfiehlt ihm ein Seminar bei Thich Nhat Hanh, einem vietnamesischen Mönch.

Zum ersten Mal kann Claude von seinen Kriegserlebnissen, seinen Ängsten und Schuldgefühlen sprechen.

Drei Jahre bleibt er bei der Zen-Buddhistischen Gemeinschaft in Frankreich und lernt zu meditieren.

Nach seiner Rückkehr spricht er auch in den USA öffentlich über sein Leiden und die Notwendigkeit, ein bewussteres Leben zu führen.

1994 lässt er sich in Auschwitz zum Mönch ordinieren ...

... und tritt von dort eine Pilgerreise nach Vietnam an.

Viele weitere folgen, unter anderem quer durch die USA.

AnShin, wie Claude jetzt heißt, lebt fortan als Bettelmönch und gründet eine Stiftung: Zaltho. Diese propagiert Frieden und Gewalt-freiheit.

Für ihn sind nur Taten und Menschen, nicht Orte, Nationen oder Ideologien, von Bedeutung.

Ken Shin

Wiebke und ihre Zwillingsschwester werden 1969 in Schleswig geboren.

Wiebke wächst mit ihren insgesamt drei Geschwistern auf einem abgelegenen Hof auf.

Das Kriegstrauma der Eltern führt zu emotionaler Kälte – einem stummen und abweisenden Miteinander.

Als Erste aus der Familie besucht sie das Gymnasium in der nächsten Stadt.

Sie fühlt sich doppelt entfremdet – der Familie, aber auch den Stadtkindern gegenüber.

Um dem familiären Druck zu entfliehen, zieht sie direkt nach dem Abitur zum Studium nach Kiel.
SIGILLVM ACADEMIAE HOLSATORVM CHILONIENSIS
PAX OPTIMA RERUM
A.D. 1665

Doch sie fühlt sich erneut fremd und desorientiert in ihrem neuen Umfeld.

Aus dem ursprünglich geplanten Jahr wird ihr Lebensinhalt. Sie bleibt in den USA.

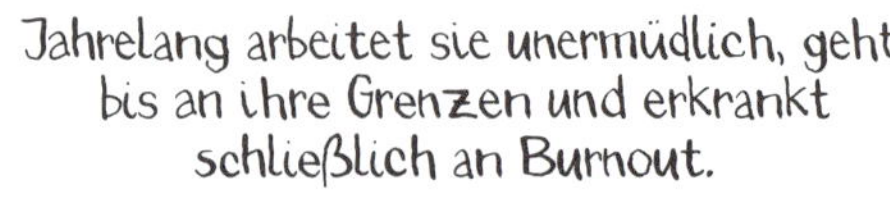
Jahrelang arbeitet sie unermüdlich, geht bis an ihre Grenzen und erkrankt schließlich an Burnout.

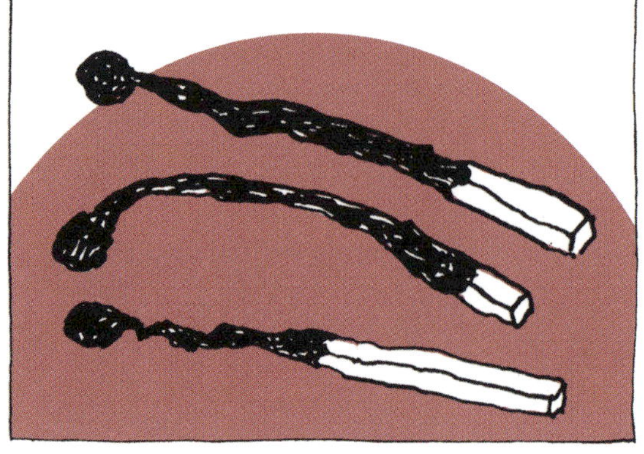

Nach ihrer Genesung wagt sie den letzten Schritt: 2014 wird sie zur buddhistischen Nonne ordiniert, ihr Name ist KenShin, mutiges Herz.

Im Rahmen der Zaltho-Stiftung für Frieden ist sie die meiste Zeit des Jahres unterwegs in der Welt; sie organisiert, assistiert, spricht und vermittelt.

Aber da sie bei sich selbst angekommen ist, lebt sie nun ihr Leben mit Hingabe und Freude.

Heimat ist für sie vor allem ein Hybrid aus Landschaftserinnerungen und Sinneswahrnehmungen aus Schleswig-Holstein, aber auch den USA.

Zahi

Zahi wird Mitte der 90er Jahre in Somalia geboren, Ort und Datum kennt er nicht.

Seine Familie steht in der sozialen Hierarchie ganz unten, denn sie gehören der Kaste der Tumal an.

Aufgrund des Bürgerkriegs bekommt Zahi kaum Schulbildung.

Seine Eltern sterben früh, die acht Geschwister versuchen irgendwie zu überleben.

2007 kommt er bei entfernten Verwandten unter und hilft ihnen beim Fischfang.

Doch die Fischgründe werden seit Jahren von europäischen Fangflotten leergefischt.

Zahi kennt nur Hunger und hat keine Perspektive in einem zerfallenden Staat …

… als er ein Jobangebot bekommt, das in Dollar bezahlt wird.
?!

Er nimmt an, wird Pirat und kapert mit seiner Gruppe 2010 ein deutsches Containerschiff.

Sie werden überwältigt und nach Deutschland ausgeliefert.

So kommt es in Hamburg zum ersten Seeräuber-Prozess seit 400 Jahren.

Auf Grundlage des Jugendstrafrechts wird Zahi zu zwei Jahren Gefängnis verurteilt.

Er begreift es als zweite Chance, lernt Deutsch und macht den Hauptschulabschluss nach.
ZEUGNIS
ZEUGNIS
ZEUGNIS
ZEUGNIS

Nach Somalia hat er keinen Kontakt mehr, die Geschwister sind im Bürgerkrieg umgekommen.

Seit seiner Entlassung aus dem Gefängnis versucht er Arbeit zu bekommen, er wäre gerne beim Straßenbau tätig.

ABSCHIEBEN
Doch ihm droht die Abschiebung zurück nach Somalia.

Da er im Prozess auch über Hintermänner der Piraterie ausgesagt hat, hat er davor große Angst.

Auf die Frage, was „Heimat" für ihn bedeutet, weiß er keine Antwort.

Hilde

Hilde wird 1940 als drittes Kind in einer kleinen Stadt nahe Pilsen geboren.

Die Eltern hatten 1938 die Annexion der Tschechoslowakei durch die Nazis sehr begrüßt.
HEIL HEIL HEIL HEIL HEIL HEIL

Ihr Vater und der große Bruder fallen während des Krieges an der Ostfront.

Bei Kriegsende kommen die 16-jährige Inge, Hilde und die Mutter in ein Sammellager.

Inge wird mehrfach vergewaltigt. Sie versucht sich umzubringen.

Hilde fühlt sich hilflos und hat Angst.

1946 werden die drei Frauen ausgewiesen und kommen nach T., ein kleiner Ort in Bayern.

Dort wird Hilde eingeschult.

GEH DOCH ZURÜCK
DRECKS KIND
FLÜCHTLING
HAU AB
BLAG
LÄUSE HILDE
Ihre ganze Jugend wird von den Anfeindungen der Ortsansässigen begleitet, die Familie bleibt unter sich.

Versprichst du mir, dass du dich immer um Mutti kümmern wirst?!
Ja, natürlich. Beruhige dich, Inge.
Als Hilde sechzehn ist, verschlimmern sich die Depressionen ihrer Schwester.

Kurz darauf gelingt Inge der Selbstmord.

Die begabte Hilde bricht die Schule ab, um an Inges statt Geld zu verdienen.

Die Mutter wohnt bis zu ihrem Tod 1979 bei Hilde, beide haben sich in T. nie richtig heimisch gefühlt.

In den 80er Jahren zieht Hilde nach München, sie genießt die Anonymität der Großstadt.

Hilde nimmt viele Bildungsangebote wahr und hat verschiedene Abonnements.
TICKET

Als dort 2015 immer mehr Züge mit Geflüchteten ankommen, engagiert sie sich sofort.
REFUGEES
WELCOME !!!
WELCOME
REFUGEES

Sie weiß, was es heißt, nicht willkommen zu sein, und übernimmt viele Patenschaften.
HELLO
Fibel!
DEUTSCH FÜR KINDER

Für sie sind Menschen, nicht Orte, Heimat.

David R.

David wird 1992
in Buenos Aires,
Argentinien,
geboren.
RIVER
PLATE

Schon als Kind ist er fasziniert von
der Weite des Landes.
BUENOS AIRES
1327 Km →

Er liebt die Fahrten auf den
Landstraßen mit der Familie.

Die Vorstellung, sich für einen
bestimmten Beruf an einem festen
Ort zu entscheiden, ist ihm zuwider.

Nach dem Schulabschluss reist er
durch Argentinien, finanziert durch
Hilfsjobs, die er unterwegs annimmt.
AL SUR

Er braucht
nicht viel
und Besitz
interessiert
ihn sowieso
nicht.

Um sich Europa ansehen zu können, arbeitet er eine Saison lang Tag und Nacht in einem argentinischen Ferienort.

Sechs Wochen reist er mit einem Freund von Spanien bis nach Irland und zurück über Italien.

Doch er bekommt keinen Bezug zu diesem Kontinent – er ist enttäuscht.

Zurück in Argentinien, nimmt er sein altes Leben wieder auf und lernt 2015 Sophie kennen, eine deutsche Touristin.
Mate
Yerba

Gemeinsam reisen sie zwei Monate durch Bolivien, verlieben sich und wollen nicht mehr ohneeinander sein.

Kurzentschlossen reist David mit ihr zurück nach Hamburg.

Der graue Winter, die fehlende Sprache und die mangelnde Spontaneität der Deutschen setzen ihm zu, er möchte zurück.

die Kerze
der Schrank
die Nase
das Kleid
die Kirsche
die Orange
das Gesicht
das Knie
das Paket
das Mädchen
der Mund
das Ohr
der Mantel
der Mann
das Obst
Doch als Sophie schwanger wird, stürzt er sich in einen Deutschkurs und lernt sehr schnell, fließend Deutsch zu sprechen.

Er sucht sich Arbeit in einer Buchhandlung und freut sich wahnsinnig auf das Kind.

Der gemeinsame Sohn Lino wird 2016 geboren, auf den Tag genau zwei Jahre später sein Bruder Manu.

Davids Heimat ist immer noch Argentinien, doch am wichtigsten ist ihm, dass er bei seiner Familie ist.

Zu viert werden sie demnächst Europa durchqueren, vielleicht gefällt es David diesmal besser.

Kour

Kour wird 1968
in Yekepa,
Liberia, geboren.

1971 zieht die Familie nach Java,
daran hat sie ihre ersten
Erinnerungen.

Ihre Mutter spricht Schwedisch, der
Vater Deutsch mit der jüngeren
Schwester und ihr.

Ihren sechsten Geburtstag
feiert sie in Jordanien.
Sie beginnt die Wüste
zu lieben.

Bei 50 Grad
Außen-
temperatur
ist das
Lieblings-
spiel im
gekühlten
Haus
„Winter"
vor der
Fototapete.

Beim Spielen mit den Kindern
auf der Straße lernt sie
Arabisch.

Ab ihrem zehnten Lebensjahr lebt sie mit Mutter und Schwester in Kassel.

Den Vater besuchen sie regelmäßig in aller Welt.

Kour studiert in Göttingen Ethnologie.

Sie verbringt ein Jahr in Lateinamerika, studiert in Chile, arbeitet in Bolivien und reist, wann immer sie kann.

Mitte der 90er Jahre betreibt sie Feldforschung in Südasien, hauptsächlich in Bangladesch.

Ihre Doktorarbeit zu indigenem Umweltwissen wird mehrfach ausgezeichnet.

Durch ihre Forschung in Guatemala wird sie mit den traumatischen Folgen der Militärdiktatur konfrontiert.

Sie beginnt zum Kriegstrauma der Deutschen zu arbeiten, wobei ihr vor allem das Überwinden der „Kultur des Schweigens" in deutschen Familien ein Anliegen ist.

Seit ein paar Jahren lebt sie in den USA. Inmitten der vielen anderen bewegten Biografien dieses Landes empfindet sie das als passend.

Sollte ihr Mann wie geplant bald eine Professur in Australien bekommen, hätte sie auf allen Kontinenten gelebt.

Kours Ziel ist es, im Unterwegs zu Hause zu sein, in sich selbst beheimatet.

Ihren Lebensabend würde sie irgendwann gerne in einem roten Holzhaus an einem See in Schweden verbringen.

Alex

Alex wird 1983 in Nairobi, Kenia, als Kind deutscher Eltern geboren.
Hakuna matata

Sein Vater stirbt kurz nach seiner Geburt, seine Mutter muss Vollzeit arbeiten. Kinderfrauen betreuen ihn.
Hakuna matata

Sein Leben ist privilegiert, fast kolonial, mit vielen faszinierenden Reisen.
Hakuna matata

Halt geben ihm die Freunde in der Schule. Er ist Teil einer Clique, die ihm die Familie ersetzt.
KFA 491Q

Als seine Mutter 1999 mit ihm nach Spanien zieht, wehrt er sich vehement, verweigert sich ihr und dem neuen Land.

Erst als er auch dort Freunde findet, kann er sich auf sein neues Umfeld ein- lassen, doch bleiben möchte er nicht.

Nach dem Abitur macht er 2002 ein Praktikum in Namibia. Das Land fasziniert ihn, er beschließt zu bleiben und studiert Nature Conservation in Windhoek.

Er hat Freunde aus allen Ethnien Namibias und fühlt sich zum ersten Mal auf Augenhöhe. Sein Blick auf Afrika verändert sich.

Doch die rechtskonservativen Ansichten der weißen Namibier veranlassen ihn 2005, nach Kapstadt umzusiedeln. Dort studiert er Touristik.

Er lernt seine spätere Frau Gianni kennen; sie reisen zwei Monate durch Mosambik, beschließen dort gemeinsam ein Hotel zu bauen und kaufen im Norden Land.

2008 siedeln sie dorthin über und beginnen mit dem Bau.

Er fühlt sich wohl in seiner neuen Heimat. Alle kennen ihn, er ist beliebt und angesehen.
Alexi!
Alex!
Alex!

Doch 2017 wird er aus heiterem Himmel inhaftiert, eine Methode der Polizei, Geld zu erpressen.

Die Haftbedingungen sind archaisch und unerträglich. Es gibt nie eine offizielle Anklage oder einen Prozess. Die Familie und Freunde kauften ihn schließlich frei.

Obwohl Alex unendlich stolz auf sein Hotel ist und sich seine Kinder in Namibia wohlfühlen, kann er nicht länger bleiben. Die Haft und die Rechtsunsicherheit haben ihn traumatisiert.

2018 zieht die Familie in Giannis Heimat, nach Kalifornien. Alex zwingt sich, dem Land offen zu begegnen, bekommt aber zunächst keinen rechten Zugang dazu.

Mausi
Obwohl er nie in Deutschland gelebt hat, fühlt er sich bei Besuchen dort der Sprache und Kultur zugehörig.

Doch seine Heimat ist dort, wo seine Familie ist.

Gianni

Gianni wird 1979 in San Jose, Kalifornien, geboren.

Auch wenn niemand in ihrer Familie mehr Italienisch spricht und sie Einwanderer in dritter Generation sind, fühlt sich die Familie weiterhin als Italoamerikaner.

Die Eltern trennen sich kurz nach ihrer Geburt. Sie und ihr Bruder wachsen bei der Mutter auf.

OREGON
CALIFORNIA
NEVADA
DEATH VALLEY
MOJAVE DESERT
SAN DIEGO
MEXICO
ARIZONA
Ihre ersten zehn Lebensjahre sind von ständigen Umzügen geprägt, von Abschieden und Neuanfägen.

Nach der Schule studiert sie in Santa Clara Fotografie und Englisch.
SANTA CLARA UNIVERSITY
IHS
·1851·

2000 verbringt sie ein Semester in Florenz und erkennt, dass sie doch mehr Amerikanerin als Italienerin ist.
Don't over pack
Don't rely on credit cards
Don't forget to validate your train ticket
Don't wear shorts in a church
Don't drive in the ZTL
Don't order a latte when you want coffee

Das Reisen durch Europa begeistert sie, verändert ihren Blick auf die Welt und sich selbst.

Nach ihrem Abschluss 2002 beschließt sie, zum Peacecorps zu gehen und landet in einer Schule in Aminuis, Namibia, mitten im Nichts.

Einsam und isoliert lernt sie Otjiherero und passt sich langsam an das karge, aber intensive Leben an.

2004 lernt sie ihren späteren Mann Alex kennen, sie bereisen das südliche Afrika bis nach Pemba, im Norden Mosambiks.

Hier kaufen sie ein Stück Land und beschließen, dort irgendwann eine Lodge zu errichten.

2008 zieht Gianni alleine dorthin, arbeitet als Lehrerin an der internationalen Schule und beginnt das Grundstück urbar zu machen.
ISP
ISP
International School Pemba
International School Pemba
International School Pemba

Ihr Mann folgt ihr kurz darauf und sie bauen nach Giannis Plänen ein kleines Hotel direkt am Strand.

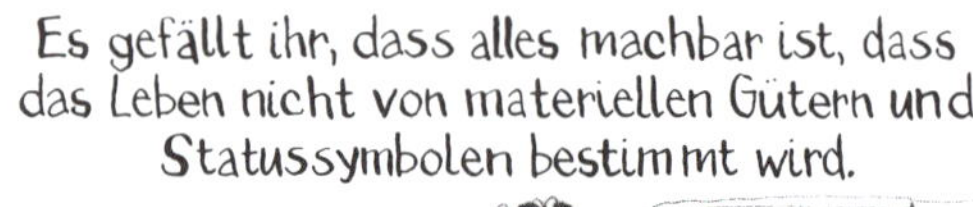
Es gefällt ihr, dass alles machbar ist, dass das Leben nicht von materiellen Gütern und Statussymbolen bestimmt wird.

Nach zehn Jahren dort und der Geburt ihrer beiden Kinder wandelt sich ihr Blick, sie verzweifelt an Korruption und Rechtsunsicherheit.

Die Familie beschließt, alles zurückzulassen und nach Amerika zu ziehen.

Hier genießt Gianni es, sich nicht ständig für die Regierung ihres Landes, die sie nicht gewählt hat, entschuldigen zu müssen.

Welcher geografische Ort für sie Heimat bedeutet, vermag sie nicht zu sagen.
Zu Hause fühlt sie sich dort, wo sie Familie hat.

Günter

Günter wird 1938 als zweites Kind in einem kleinen Ort in Ostpreußen geboren.

Seine Kindheit erinnert er als sehr harmonisch.

Im Sommer 1944 bekommt er eine weitere Schwester, kurz darauf fällt der Vater im Krieg.

Als im Januar 1945 die Rote Armee näher rückt, schließen sie sich den Flüchtenden an.

Vor Erschöpfung und Unterernährung hat die Mutter keine Milch mehr, und das Baby verhungert.

Kurz darauf werden sie von der Front eingeholt.

Mutti ...?!
Die Mutter wird von einem Querschläger tödlich getroffen. Es bleibt unklar, welche Seite den Schuss abgefeuert hat.

Die beiden Geschwister schlagen sich nun alleine durch. Sie haben einen Zettel mit der Adresse einer Tante in Essen.

Die langen Straßen mit den toten Zivilisten und Soldaten verfolgen Günter noch heute in seinen Alpträumen.

Als sie nach Wochen endlich das Ruhrgebiet erreichen, ist die Tante ausgebombt und wenig erfreut, sie zu sehen.

Polacke!
POLACKE!
PACK!
Weg mit Dir!
Die Kinder werden getrennt, zu Pflegefamilien gegeben und ständig und überall von allen beschimpft.

Der einzig freundliche Mensch in seiner Kindheit ist seine Grundschullehrerin. Er beschließt, Lehrer zu werden.

Trotz großer Widerstände schafft er es auf eine höhere Schule und studiert. Nebenbei muss er immer arbeiten, um seinen Unterhalt zu finanzieren.

Noch während des Studiums gründet er eine Familie. Sie gibt ihm Halt. Er fühlt sich zum ersten Mal wieder zu Hause.

Er wird ein beliebter Lehrer, bekannt für sein Engagement und seine Empathie.

Seit den 90er Jahren fährt er regelmäßig nach Polen, er liebt Sprache und Landschaft dort.
POLSKA
STOKROTKA POSPOLITA
60 zł
JAŁOWIEC POSPOLITY
POLSKA
500 zł POLSKA
IKA RÓŻA
OLSKA
CHABER BŁAWATEK
1000

Weder möchte er seinen Geburtsort nennen, noch seinen Wohnort. Es sind für ihn zufällige Orte, ohne tiefere Bedeutung.

Den Begriff Heimat lehnt er ab – er bringt nur Unheil.

Vielen Dank an alle meine Gesprächs-
partner*innen für die Zeit und Offenheit.
Ohne Euch wäre dieses Projekt
nicht möglich gewesen!

Besonderen Dank an
Johann Prüfer und Wilhelm Kersting
für ihre Textkorrekturen
an der ursprünglichen Version für
„Der Tagesspiegel".

Die einzelnen „Lebenslinien" entstanden
für die Comicseite in „Der Tagesspiegel"
und erschienen monatlich
von April 2017 - Mai 2019.

Für die Buchausgabe wurden
die Beiträge ummontiert und um
jeweils zwei zusätzliche Bilder ergänzt.
Drei bisher unveröffentlichte Geschichten
entstanden exklusiv für die Buchausgabe.

Bisher von Birgit Weyhe im avant-verlag erschienen:

GERMAN CALENDAR, NO DECEMBER

Text: Sylvia Ofili
ISBN: 978-3-945034-84-2
168 Seiten
22,00 Euro

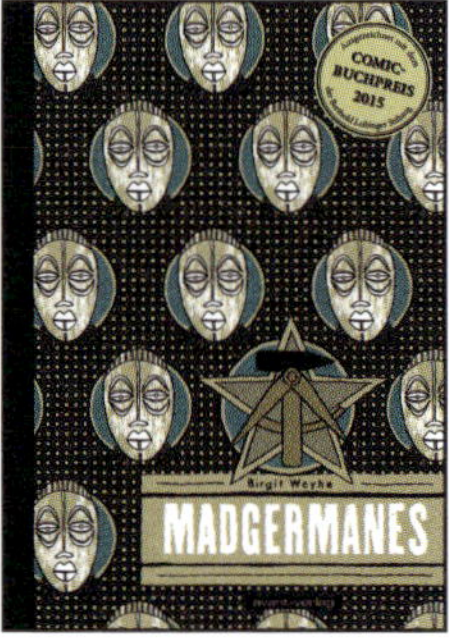

MADGERMANES

Max und Moritz-Preis 2016
ISBN: 978-3-945034-42-2
240 Seiten
24,95 Euro

IM HIMMEL IST JAHRMARKT

ISBN: 978-3-939080-81-7
280 Seiten
22,00 Euro

REIGEN

ISBN: 978-3-939080-60-2
192 Seiten
19,95 Euro

ICH WEISS

ISBN: 978-3-945034-66-8
244 Seiten
22,00 Euro

LEBENSLINIEN

Text & Zeichnungen: Birgit Weyhe

ISBN: 978-3-96445-031-9

Die Autorin im Internet: www.birgit-weyhe.de

Redaktion: Johann Ulrich
Korrekturen: Benjamin Mildner
Gestaltung & Herstellung: Thomas Gilke
Herausgeber: Johann Ulrich

avant-verlag GmbH
Weichselplatz 3–4
12045 Berlin
info@avant-verlag.de

Mehr Informationen
und kostenlose Leseproben
finden Sie online:
www.avant-verlag.de
facebook.com/avant-verlag